yukismart.com/b/603996

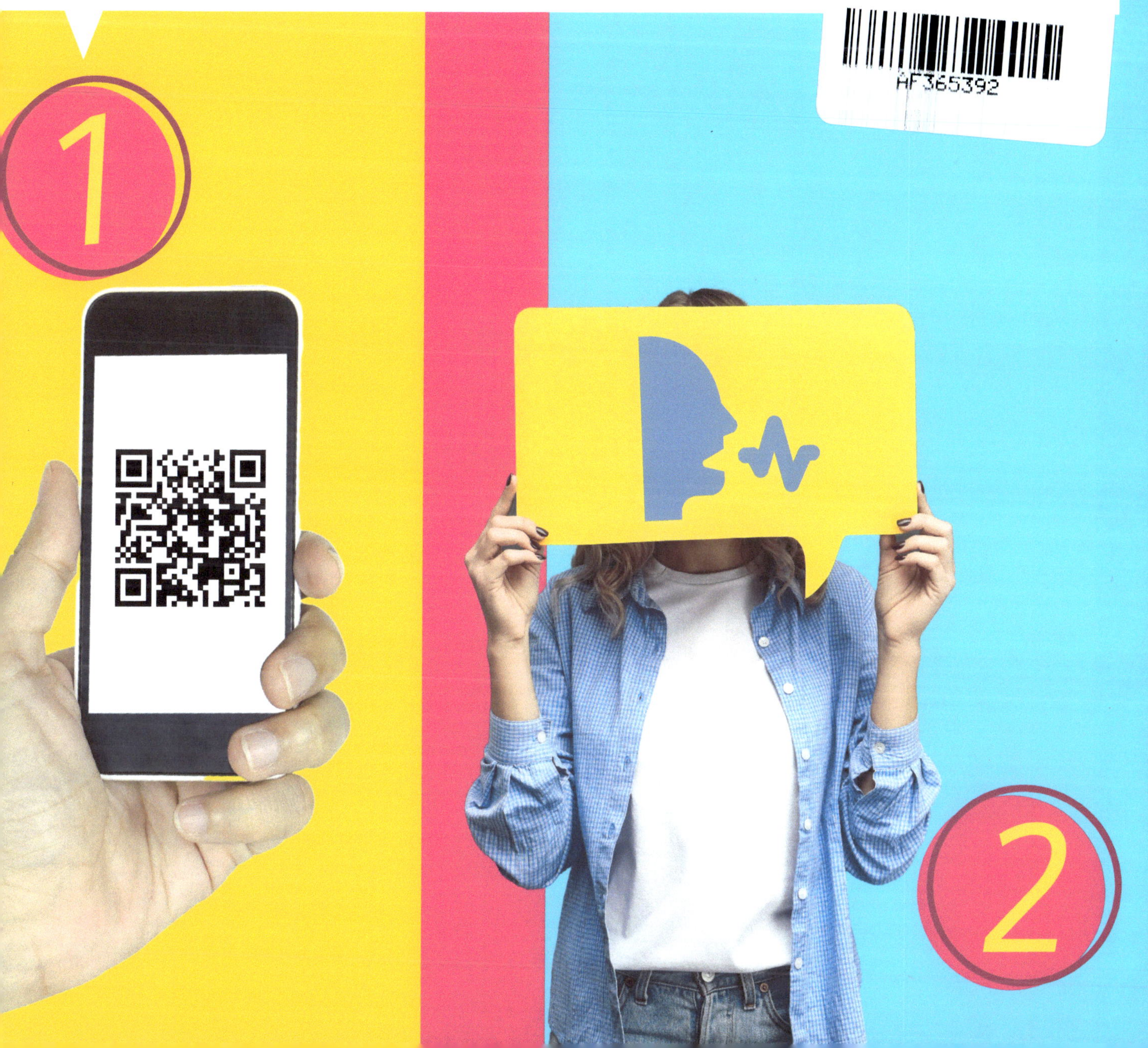

kat

chat

hond

chien

vis

poisson

vogel

oiseau

kip

poule

haan

coq

kuiken

poussin

ei

oeuf

koe

vache

schaap

mouton

varken

cochon

geit

chèvre

paard

cheval

ezel

âne

muis
souris

konijn
lapin

kalkoen

dinde

gans

oie

pauw

paon

eend

canard

eendje

caneton

zwaan

cygne

libel

libellule

vlieg

mouche

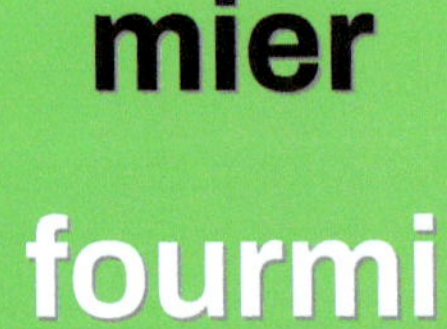

mier

fourmi

miereneter

fourmilier

lieveheersbeestje

coccinelle

aardworm

ver de terre

naaktslak

limace

rups

chenille

slak

escargot

vlinder

papillon

sprinkhaan

sauterelle

bij

abeille

honing

miel

spin

araignée

gras

herbe

kever

scarabée

mug

🇫🇷 moustique

🇨🇦 maringouin

schorpioen

scorpion

hagedis

lézard

schildpad

tortue

krab

crabe

garnaal

crevette

kreeft

homard

walvis

baleine

haai

requin

pijlstaartrog

raie

dolfijn

dauphin

zee-egel

oursin

kwal

méduse

inktvis

calamar

zeester

étoile de mer

zeemeeuw

mouette

zee

mer

pelikaan

pélican

aalscholver

cormoran

schelpen

coquillages

zand

sable

olifant

éléphant

zebra

zèbre

giraffe

girafe

slang

serpent

krokodil

crocodile

leeuw

lion

tijger

tigre

nijlpaard

hippopotame

neushoorn

rhinocéros

jachtluipaard

guépard

kameel

chameau

antilope

antilope

flamingo

flamant rose

struisvogel

autruche

ooievaar

cigogne

papegaai

perroquet

gorilla

gorille

aap

singe

koala

koala

panda

panda

kangoeroe

kangourou

egel

hérisson

eekhoorn

écureuil

wolf

loup

vos

renard

wasbeer

raton laveur

beer

ours

hert

cerf

adelaar

aigle

vleermuis

chauve-souris

zwijn

sanglier

kraai

corbeau

uil

hibou

specht

pivert

bunzing

putois

mol

taupe

bever

castor

ijsbeer

ours polaire

sneeuw

neige

pinguïn

pingouin

sneeuwuil

chouette des neiges

bos

forêt

berg

montagne

narwal

narval

orka

orque

walrus

morse

zeehond

phoque